AF318458

EXTRAIT DU RECUEIL DE LA SOCIÉTÉ POLYTECHNIQUE,
(n° 39. (1837) *.)
Rue Neuve-des-Capucines, n° 15 bis.

DE LA PROPRIÉTÉ
DE LA PENSÉE
ET
DE LA CONTREFAÇON,

CONSIDÉRÉE COMME DROIT D'AUBAINE ET DE DÉTRACTION.

PAR M. JOBARD.

*Identité des propriétés littéraires, artistiques
et industrielles.*

C'est une belle et bonne chose que la littérature, et le gouvernement français aura bien mé-

---

* La *Société Polytechnique-pratique*, fondée à Paris pour satisfaire
aux besoins industriels, agricoles et commerciaux, manifestés par les
industriels des départemens et des pays étrangers, fait exécuter sous sa
responsabilité toutes les machines, instrumens et outils qu'on lui demande ; elle communique les procédés chimiques relatifs à divers arts ;
envoie sur les lieux des ingénieurs, des mécaniciens et des ouvriers pour
diriger les établissemens ou monter les machines qu'on lui commande,
et procure les ouvrages écrits *ex professo* sur les arts et métiers. —
Cette Société publie un *Recueil* qui paraît tous les mois, et qui a
pour objet principal de faire connaître l'industrie des divers pays,
et notamment de l'Angleterre, des Amériques, de la Prusse et de
l'Allemagne. — Ce Recueil renferme six Recueils distincts, 1° Recueil industriel, 2° Agronome manufacturier, 3° Annales polytech-
niques, 4° Annales de Statistique, 5° le Bulletin de la Société Algérienne de colonisation, et 6° Annales de la Société libre des Beaux-
Arts. — La souscription aux six Recueils réunis est de 30 francs pour
Paris, 36 fr. pour les départemens, 42 fr. pour l'étranger. — On peut
se procurer séparément les *Annales de la Société polytechnique*, pour 6,
9 et 12 fr., et aux mêmes prix les *Annales de Statistique*; le *Bulletin de la Société algérienne*, 15 fr. pour Paris et les départemens,
20 fr. pour l'étranger, et les *Annales des Beaux-Arts*, 12 fr. Le bureau
central est rue Neuve-des-Capucines, n° 15 bis.

rité les éloges des hommes de lettres et de la presse, par la création d'un état civil de la propriété littéraire ; mais sa tâche ne serait qu'à moitié remplie s'il oubliait de reconnaître et d'assurer en même temps la propriété de toutes les découvertes du génie.

Je ne saurais me flatter d'être le premier qui ait fait observer que la composition d'un livre ou d'une machine ne sont que des manifestations différentes d'une même faculté, *l'invention*.

Lamartine combine des hémistiches et des rimes ; Meyerbeer des blanches et des croches ; Delaroche des lignes et des couleurs ; Gay-Lussac des acides et des alcalis; Fontaine des arabesques; Rude des bas-reliefs ; Breguet des échappemens et Philippe des leviers. Tous ne font qu'un travail identique, travail de la pensée et du génie; tous n'ont qu'un même but, la découverte d'une vérité nouvelle ; et leurs travaux n'ont qu'un même résultat, la solution d'un problème utile ou agréable à l'humanité; tous ont donc des droits égaux à la bienveillance et à la protection de la société.

On ne peut sans injustice, reconnaître et assurer la propriété des uns en oubliant les autres. Les mêmes élémens entrent dans la création d'un livre, d'un opéra, d'une machine :

Du temps, du génie, de l'argent et des études préliminaires.

Il n'y a pas de distinction possible : la machine à vapeur vaut la Henriade ; la Mull-jenny vaut le martyre de saint Étienne; le métier à tricoter vaut la statue de Henri IV; les chemins de fer valent l'église de la Madelaine ; la machine à faire des clous vaut bien un sonnet ; et l'éclairage au gaz est sans contredit aussi utile qu'un opéra buffa.

Vous voyez que le cadre s'agrandit, et qu'il ne s'agit plus seulement d'assurer la propriété littéraire, mais bien la *propriété de la pensée*. Car, en droit naturel, cette propriété est plus sacrée que celle de l'héritage même : ce champ, cette forêt dont vous avez hérité, vous ne les avez pas faits ; si vous ne les possédiez pas, un autre les aurait ; mais l'inventeur a fait sa découverte : elle lui appartient à double titre de création et de conquête; et rien n'est plus juste que tous ceux auxquels un inventeur est agréable ou utile, contribuent à le récompenser.

Si je m'amuse des feuilletons de Janin, et si j'use des Lucifer de Merkel, il est juste que je les paie. Tous deux ont travaillé dans ce but.

A présent qu'il est évident pour tous, que les manifestations diverses du génie d'invention sont une seule et même chose, comment expliquer la différence des droits qui leur sont accordés ? Le littérateur, le simple compilateur même, obtient, sans frais, la propriété de son œuvre pendant toute sa vie; et ses héritiers en jouissent 20 ans après sa mort; tandis que l'homme qui a créé des millions de bras pour le monde, en emprisonnant la vapeur dans un cylindre, n'obtient qu'à grands frais la propriété de son œuvre pendant 14 ans au plus !

Y a-t-il dans nos institutions une injustice plus flagrante ? Il est vrai que les littérateurs, les écrivains en général, sont mieux placés que les industriels, pour solliciter et réclamer leurs droits, car ils ont et font les journaux ; ils sont aux chambres, aux ministères, à la cour, pendant que les inventeurs artistiques, scientifiques et industriels, sont dans leurs ateliers à manier l'argile, les cornues, la lime et le rabot, sans que leurs douleurs ni leurs plaintes se fassent jour au dehors. Ils n'écrivent point, et leurs frères de la presse les oublient ; ils oublient même que si les muses sont sœurs, les arts sont frères ; mais si le gouvernement est un bon père, il doit les mêmes faveurs à tous ses enfans.

J'ai démontré, je crois, que l'invention en peinture, en musique, en littérature, en physique, en chimie et, en général, tout ce qui se fait de neuf dans les arts, les sciences et l'industrie, provient d'une même source.

Cela est tellement vrai, que les mêmes termes sont employés pour indiquer les différentes phases de l'invention. On dit le plan d'un livre, d'un opéra et d'une machine. On débute par un cannevas, on établit la charpente, on s'efforce d'en combiner les rouages, d'en faire jouer les ressorts ; on taille, on tranche, on lime, on polit, etc.

Ces mots n'expriment-ils pas une suite d'opérations identiques ? Il y a peut-être cela de différent, que les outils du littérateur sont beaucoup moins coûteux que ceux du mécanicien ; il est sans doute aussi difficile de faire un bon roman qu'une bonne pompe ; mais si la pompe est aussi utile que le roman, il y a compensation.

Je veux bien qu'on prolonge la propriété de son

œuvre en faveur de l'auteur du *Chemin de Tra-verse*, mais je ne pense pas qu'on doive la res-treindre pour l'invention du bitume de Seyssel ou de la lampe Phœbé.

La propriété littéraire étant à peu près double en durée de la propriété industrielle, la majeure partie des bons écrivains ont pu vivre honorable-ment du fruit de leurs veilles pendant que les au-teurs des meilleurs procédés se sont constamment ruinés.

Cette vérite est tellement évidente qu'elle est devenue proverbiale; jamais un inventeur ne s'en-richit.

Il n'est pas besoin de supposer que la décou-verte soit mauvaise pour ne rien produire à l'in-venteur, car elle profite presque toujours à son successeur.

C'est que la durée des patentes ou brevets est de beaucoup trop restreinte, dans la majeure partie des cas.

Il est telle machine qui n'est parfaite qu'au mo-ment où sa propriété passe dans le domaine pu-blic.

Un livre aussi se corrige : la 2e ou la 3e édition est plus parfaite que la 1re, mais l'acquéreur de la 1re ne vient pas intenter un procès à l'auteur ; il n'en est pas de même en mécanique. On exige de l'inventeur une longue responsabilité, et il perd souvent en procès le fruit de toutes ses épargnes.

L'Angleterre a senti de bonne heure la simili-tude que je viens d'établir entre les différens mo-des d'invention.

La propriété littéraire n'y dure que 14 ans, même durée que les patentes industrielles.

Là aussi il existe une grande injustice : on y reconnaît gratis la propriété littéraire, et dix mille francs sont exigés de l'industriel pour s'inscrire sur l'état civil du *patent-office*.

Il est temps de redresser cette immense erreur et de pousser jusque dans ses dernières conséquences ce principe proclamé par la constituante : *Une pensée est la propriété de celui qui l'a conçue.*

Cette propriété est de droit naturel comme la force, l'agilité, l'adresse. Ce sont des puissances que l'on trouve en soi et dont on pourrait priver la société; il n'en est pas de même des propriétés foncières.

Vous ne ferez pas que vos prairies et vos parcs disparaissent, tandis que Milton eût pu brûler son paradis et Hargrave son plan de filature.

Il faut donc se garder d'être injuste envers une classe d'hommes à laquelle nous devons tous nos progrès dans la civilisation; Cadmus, Triptolème, Moïse, Mahomet, Numa, Lycurgue, étaient des inventeurs aussi bien que Praxitèle, Zeuxis, Euclide, Archimède et Newton.

L'inventeur est l'âme et le cœur d'une nation; sans lui pas de progrès possible : une nation reste sauvage jusqu'à l'arrivée d'un inventeur qui lui enseigne à labourer, à semer, à bâtir, etc.

Il est bien étonnant que la propriété de la pensée qui aurait dû être reconnue avant la propriété foncière, par les gouvernemens, soit à peine reconnue aujourd'hui, et qu'il faille établir point à point les préuves de son droit de bourgeoisie.

Beaucoup de gens s'imaginent que la France se propose de demander à la Belgique seulement, de s'opposer à la contrefaçon des livres français, tout en se réservant le droit de contrefaire elle-même les auteurs étrangers : c'est une hypothèse gratuite et insultante. La France ne veut pas exiger une faveur sans en accorder une autre, et quand elle dira : laissez passer mes livres, mes gravures, mes inventions, elle ajoutera sans aucun doute : je laisserai passer les vôtres, et fera observer en même temps qu'elle donne à nos producteurs intellectuels trente-trois millions de consommateurs quand nous ne lui en donnons que quatre du peu d'acheteurs qu'ils auraient en Belgique.

Elle donnera aussi le droit de gravure dans toute son étendue à nos peintres, déjà si nombreux et si pleins de talens.

Elle donnera à nos excellens sculpteurs le droit de moulage de leurs statues et les garantira de la contrefaçon.

Nos musiciens auront le droit de bourgeoisie d'Anvers à Marseille.

La littérature, les arts, les sciences et l'industrie, pourront former désormais un noyau de cristallisation à Bruxelles. On ne sera plus un réprouvé, un paria de la fortune pour avoir écrit une tragédie à Nivelles, découvert une couleur à Verviers, inventé un fusil à Liège.

Le grand marché de la France va s'ouvrir à toutes les manifestations du génie belge.

Mais, s'écrient trois ou quatre imprimeurs, et nos réimpressions ? En vérité, je n'y pensais pas.

Je dois revenir sur mes pas : peintres, sculpteurs, musiciens, chimistes, teinturiers, architectes, ingénieurs, industriels de toute espèce, étouffez vite les flammes de ce génie, auquel j'avais imprudemment donné de l'air; continuez à travailler avec ennui, avec dégoût, comme par le passé ; vous ne verrez pas luire le beau jour de votre émancipation, cela ferait du tort à trois ou quatre libraires !

J'ai dit qu'il était trois ou quatre imprimeurs auxquels la répression des contrefaçons pourrait être nuisible; mais je m'étais trompé, et je viens de prendre connaissance d'une pétition qu'ils adressent à nos chambres, dans laquelle ils découvrent l'immensité de la plaie. La librairie moderne ne se borne plus, comme celle des Romains, à trois ou quatre espèces de gens, *librarii, bibliopegi,* et *glutinatores.* Voici une partie de ce que les réimpressions selon eux nourrissent en Belgique. Ce sont : les chiffonniers, les éplucheuses, les papetiers, les mineurs, les fondeurs et les graveurs, les compositeurs, les pressiers et les protes ; les relieurs, les batteurs et les colleurs; ce sont les éditeurs, les libraires et leurs commis ; ce sont les mécaniciens, les menuisiers, les serruriers et les maçons; ce sont les expéditeurs, les voituriers, les bateliers, les diligences, les postes, les timbreurs, les afficheurs, les journalistes et jusqu'aux huissiers, qui vivent principalement des protêts de la librairie. Attachez à chacune de ces existences masculines une femme et cinq enfans, sans parler des ayeux, et l'on verra qu'il y va de l'existence de beaucoup plus d'individus que la Belgique n'en possède.

Mais il est aisé de démontrer qu'il y a de l'exagération dans cette pétition, car la répression de la contrefaçon n'entraînera pas du tout la ruine de la librairie (1). On peut même démontrer que l'imprimerie prendra en Belgique un bien plus vaste accroissement, à cause du bon marché de la main-d'œuvre et des matières premières; les éditeurs de Paris même trouveront un bénéfice à faire imprimer à Bruxelles, et les libraires de Bruxelles s'emparant de tous les ouvrages qui sont dans le domaine public, les publieront à meilleur compte que les Français, et ils auront acquis le marché de la France et de l'Europe, pour ne pas dire du monde entier.

Voyez ce que produirait un Buffon, un Voltaire, une Encyclopédie, publiés à Bruxelles, sous de pareilles conditions! et ils réclament pour qu'on leur laisse tirer une mesquine édition, à 5oo exemplaires, des bluettes du jour. Fi donc! vous n'y pensez pas.

Si j'étais éditeur français, je pétitionnerais pour qu'on laissât les contrefacteurs belges s'amuser aux miettes du grand festin littéraire.

Mais une plus grande pensée domine la question, le droit en tout, la justice pour tous. Quelle

_____

(1) Il y aura toujours des libraires entremetteurs, comme il y aura toujours un peu de mal mélangé au bien; il y aura toujours des imprimeurs de la cour, des ministères, des administrations, du commerce, etc,

ère magnifique de progrès va s'ouvrir devant nous, quand un droit inter-national viendra régler la propriété de la pensée, quand un ouvrage de génie recevra son passeport pour le monde, et sera mis sous la protection des pays, amis ou alliés, comme disent les passeports.

Alors il ne sera plus vrai qu'on n'a d'esprit et de science qu'à Paris, qu'on ne peut écrire qu'à Paris.

On ne demandera plus à un livre d'où es-tu? on lui demandera que vaux-tu?

Alors il y aura des écrivains en Belgique, il y en aura à Luxembourg, à Brême, à Anhalt, à Genève, en Piémont, en province et partout.

C'est seulement alors qu'on osera essayer ses forces sur le sol de la patrie.

Quel est l'homme qui n'a pas commencé par faire mal?

Croyez-vous que les premiers tableaux de Raphaël, les premiers vers de Racine, les premières statues de Canova, les premiers engrenages d'Arkwright aient été des chefs-d'œuvre?

Si les auteurs de d'Olaüs, de Sardanapale et de Livia eussent eu le marché de la France, ils eussent fait les frais d'impression et vous auriez à Bruxelles trois poètes de plus.

S'il ne fallait qu'être riche de génie et de talent pour se produire sur la scène du monde, combien de commis de bureau, d'employés subalternes qui s'usent à la tenue des livres en feraient pour leur propre compte, et d'instructifs, et d'excellens peut-être!

Poursuivez votre œuvre, émancipatrice de la pensée, M. le ministre, l'Europe la salue d'un applaudissement unanime. Comme le savant Cotta, je n'ai qu'un regret, c'est que l'Allemagne ait pris sur vous l'initiative ; Goëthe écrivait à Weymar, Vienne ainsi que Berlin le contrefaisaient le lendemain ; les souverains de Prusse et d'Autriche ont accordé le droit d'indigénat à ses sublimes créations, et de là est provenue la loi qui assure aux auteurs allemands, quelque soit leur pays, la propriété de leur pensée.

Ce que font les Allemands, ne pouvons-nous pas le faire ? Bien plus, ne pouvons-nous pas, par un cartel réciproque, assurer la propriété du Germain à Paris et à Bruxelles, et celle du Français à Berlin et à Vienne ?

Ce grand jour de justice est prêt à luire, et c'est à vous qu'on le devra ; n'eussiez-vous fait que le tenter, l'Europe gardera le souvenir de votre ministère ; mais ne faites pas la chose à demi, comprenez tous les travaux de la pensée créatrice dans votre cartel, et provoquez surtout la destruction de cette absurde, de cette barbare législation des brevets qui assimile les travaux de l'inventeur à un délit, qui punit le génie d'une amende et ne permet pas au pauvre de faire une découverte utile. Salomon de Caus a été enfermé pour sa vie à Bicêtre, par le *grand* Richelieu, pour avoir découvert la force de la vapeur et prédit les immenses résultats qu'elle enfanterait.

Aujourd'hui nous nous croyons plus humains, plus civilisés, parce que nous avons commué la peine du cachot à vie, en une amende de 1,000 à 1,500 francs.

Voilà tout le progrès que nous avons fait depuis Richelieu.

Mais plus d'un inventeur bénirait, j'en suis sûr, la mémoire du ministre qui convertirait cette amende en simple détention temporaire.

Qui ne s'indignerait contre la manière absurde dont on a cru devoir protéger la propriété de la pensée industrielle? En effet, la constituante avait dit, dans un vote d'enthousiasme : « Tous les priviléges sont abolis; » néanmoins « des priviléges exclusifs seront accordés aux inventeurs ou importateurs de machines ou de procédés nouveaux. »

Or, le fisc, qui gâte tout ce qu'il touche, a cru devoir y ajouter :

« *Moyennant finances*, » et l'idée s'est sentie jaugée, pesée, taxée jusque dans sa source, et il a fallu être privilégié de la fortune avant de l'être du génie

Les auteurs mieux traités obtiennent, par le dépôt de quelques exemplaires, le droit de propriété ; mais le malheureux que le besoin obsède, et qui cherche, au milieu de mille combinaisons, la meilleure, et qui la trouve, ne peut être mis en possession qu'après avoir versé une somme souvent supérieure à celle qu'il possède, et qu'il emploierait d'ailleurs infiniment mieux à perfectionner sa découverte.

Jugez de la position dans laquelle se trouvait placé un de ces malheureux par la requête qu'il adressait, il y a quelque temps, à l'autorité,

M. le gouverneur,

« Vous me demandez encore de l'argent pour acquitter l'amende à laquelle je suis condamné pour avoir fait une découverte utile.

» Je ne nie pas que je ne sois coupable, très coupable d'avoir sacrifié dix ans de ma vie, et compromis l'avenir de mes enfans pour faire faire quelques pas à l'industrie.

» Mais est-il juste que je sois puni pour avoir rendu ou même tenté de rendre service à mon pays, et peut-être à l'Europe entière ?

» N'oserais-je pas vous charger, M. le gouverneur, d'intercéder auprès du ministre pour me faire obtenir une commutation de peine, comme cela se pratique envers les coupables qui n'ont pas d'argent; par exemple, un emprisonnement temporaire ?

» Je m'y soumettrais plus volontiers qu'au malheur dont vous me menacez, la perte d'un brevet pour lequel j'ai déjà fait tant de sacrifices.

» J'ai bien encore quelques meubles qui suffiraient, s'ils étaient saisis, pour payer la somme que vous me demandez, mais je ne saurais croire qu'un gouvernement aussi paternel que le nôtre, puisse en venir à ce point de sévérité contre un malheureux, qui n'a d'autres torts que d'avoir essayé de faire quelques découvertes, dont vous profiterez sans doute vous-même, M. le gouverneur, comme tant d'autres, sans même connaître les noms de ceux auxquels vous les devez.

» J'ai l'honneur, etc. »

Quelles tristes réflexions soulève une pareille pétition dont je puis certifier l'authenticité. L'auteur est un pauvre artisan, inventeur déjà d'une foule d'excellentes choses qu'on lui dérobe, et qu'il n'a pas le moyen de conserver, à cause des vices de la loi des brevets, qui ne permet pas de saisir en Belgique les objets contrefaits, avant d'avoir obtenu un jugement dispendieux ; ce qui a fait dire que la justice n'existe que pour ceux qui ont le moyen de se la faire rendre. Jugez quelle joie a dû répandre dans l'âme des hommes de génie, des hommes qui sentent le feu sacré couler dans leurs veines, l'annonce de l'œuvre émancipatrice que la France entreprend ! Qui n'y verrait l'arrivée du règne des capacités, le seul vrai, le seul juste et le seul désirable ?

Quelle plus noble lutte que celle du génie luttant sans entrave contre un autre génie !

Qu'eût été la Malibran, qu'eût été la Taglioni, si un ignoble réglement eût empêché l'une de chanter et l'autre de danser en public ?

Que serait Janin, que serait Nodier, s'ils eussent dû payer 1,500 francs pour chaque feuilleton, pour chaque nouvelle qu'ils eussent eu l'envie d'écrire ?

Eh bien, la comparaison est juste ; demandez à MM. Azevedo et Kirvan, combien de démarches et combien de temps et d'argent il faut à un inventeur, pour chaque engrenage, pour chaque combinaison qu'il veut ajouter ou retrancher de son invention ; car il faut payer pour ôter aussi bien que pour ajouter.

En Belgique, on a eu tort d'ajouter à la rigueur de la loi; on a imposé aux brevetés des conditions qui ont entravé l'industrie; certaines patentes n'ont pu être obtenues, et le pays a été privé des produits industriels qui ne peuvent s'y répandre que si leur inventeur a un privilége assuré pour leur exploitation. Sans ce privilége, il ne compromettra ni temps, ni capitaux, parce qu'il aura toujours à craindre un concurrent plus heureux ou plus adroit.

Il y a des personnes qui prétendent établir une distinction entre l'invention littéraire et l'invention industrielle.

Vous avez fait aujourd'hui cette découverte, disent-ils, moi je l'eusse faite demain; tout batelier était en position d'en dire autant à Christophe Colomb. Il ne reste rien à leur opposer, que le droit du *primo occupanti*, qui de tout temps a régi la société, et qu'ils appellent dédaigneusement le prix de la course. Les titres, les places, les honneurs, les richesses mêmes, ne sont-ils pas le prix de la course? Qui donc voudrait courir s'il n'y avait aucune palme à cueillir au bout de la carrière?

Cette baleine, cette perle, ce diamant, pourquoi sont-ils à moi? par le droit de premier occupant.

Il y a quelque fois plusieurs mécaniciens à la recherche d'un même organe, comme il y a plusieurs poètes sur un même sujet tragique; il y a plus de vingt Andromaques, des masses d'Atrides et d'Agamemnons; la meilleure pièce occupe plus long-temps la scène, et rapporte le plus de gloire et d'argent à son auteur. Que m'importe que vous fassiez la même découverte que moi, c'est une chance infiniment rare; rare comme la rencontre d'une comète avec la terre.

Faut-il, sur une pareille hypothèse, abolir une loi qui serait fondée sur l'impossibilité d'une rencontre ?

D'autres personnes prétendent que, sans donner aucune sanction à la propriété de la pensée, on n'en inventerait ni plus ni moins dans les arts et dans les lettres.

Ce qui revient à dire que, sans assurer au cultivateur la moisson de sa terre, il ne l'ensemencerait ni plus ni moins.

Sans doute il pourrait venir par-ci par-là un germe d'idée à un homme, mais il ne s'empresserait ni de la matérialiser, ni d'y sacrifier sa fortune, s'il n'était assuré d'en retirer au moins ses avances de fonds.

C'est ainsi que dans des terres incultes, il pousse quelques légumineuses, quelques céréales sans le secours de la culture.

C'est ainsi que dans les pays où rien n'assure la propriété de la pensée, en Turquie, en Perse, aux Indes, il ne se fait que peu d'inventions, si ce n'est dans l'ordre de celles qu'on peut tenir secrètes, tel qu'un vernis, une couleur, une recette.

Mais vous attendrez long-temps avant qu'un Watt, un marquis de Manoury ou un comte de Rumfort, consacrent des millions à des expériences de physique ou de mécanique.

Ainsi était l'Europe, aux temps féodaux, avec ses alchimistes, ses devins, ses sorciers, ses bohémiens et ses charlatans, prônant leurs philtres, leurs amulettes, leurs poudres et leur pierre philo-sophale; vous retrouvez la répétition exacte de ces temps dans l'Indoustan d'aujourd'hui. Car il n'est pas besoin de reculer dans la nuit des temps pour remonter à nos premiers parens en passant par tous les âges de la société; il n'y a qu'à marcher devant soi, vous trouverez le moyen-âge en Bohême, le servage en Russie, l'esclavage à Lahore, et notre premier père, qui n'a rien inventé, au milieu de l'Eden des forêts de la Nouvelle-Hollande.

Silence des lois romaines sur la propriété intellectuelle.

L'Angleterre fut la première nation qui reconnut la propriété de la pensée industrielle; c'est elle aussi qui a fait les plus grands progrès dans les inventions et découvertes.

C'est plus de cent ans après que le continent a suivi son exemple; aussi est-il patent pour le voyageur qui a visité les ateliers de l'Angleterre, que cette nation se trouvait, en 1815, en avance de plus de cent ans, sur le continent.

Si la différence est moins sensible aujourd'hui, cela tient au voisinage et à ce débordement naturel qui force les sources à s'épandre sur les terrains environnans.

Savez-vous d'où vient le mutisme de nos Codes sur la grave question qui nous occupe? c'est que notre droit civil tout entier a été puisé dans le Droit romain, qui ne s'est occupé que de la propriété foncière et mobilière, et qui n'a pas dit un mot de la propriété de la pensée, attendu que l'imprimerie n'était point venue matérialiser les idées sous la forme d'une édition multiple ; que les artistes ne savaient pas reproduire leurs tableaux, leurs statues, leur musique par la gravure, et que la loi qui eût voulu leur en garantir la propriété, eût été complètement illusoire.

L'ancien *jus romanorum* a minutieusement défini et déterminé la propriété des haies, des mares et de la moindre alluvion ; mais il est resté muet sur les œuvres du génie, si ce n'est qu'il accordait la statue au propriétaire du bloc dans lequel on l'avait taillée, et le tableau au propriétaire de la matière sur laquelle il avait été peint. C'était bien digne de ce général qui faisait embarquer les chefs-d'œuvre de la Grèce, menaçait le batelier qui devait les conduire à Rome, de le forcer à remplacer toutes les statues qu'il pourrait endommager ou perdre pendant sa route.

Il y avait bien à Rome des libraires qui se rendaient éditeurs des œuvres des grands écrivains ; qui les copiaient et les mettaient en vente sous une apparence plus ou moins luxueuse, et à la portée de différentes classes d'acheteurs.

Mais tout individu qui en avait acheté un exemplaire, pouvait sans doute en faire à son tour des copies.

Ce qui garantissait cependant la propriété de l'éditeur qui l'avait acquise, c'est que ces bibliopoles possédaient une boutique (*apotheca*), un atelier monté de copistes (*librarioli*), de relieurs (*libri compactores*), de ponceurs, de palimpsestes, de doreurs et de tourneurs de rouleaux (*umbilici*); c'est qu'ils avaient des correspondans en Afrique (*Utica*), en Espagne (*Ilerida*), et dans les principales villes des Gaules. (*Voir* Ovide, Horace, Tibulle, etc.)

Pline le jeune est enchanté d'apprendre que les libraires de Lyon vendent ses ouvrages; Martial exprime le même sentiment à un de ses amis de Toulouse qui le félicitait de l'accueil qu'on faisait à ses vers à Vienne, chez les Bretons, et même chez les Gètes.

Il n'en est pas de même des auteurs de Paris, qui ne se montrent que très modérément flattés de se voir si répandus parmi les Welches.

Les éditeurs d'Horace et de Virgile étaient les frères Sosies. Les libraires de Martial étaient Atrectus et Tryphon, au quartier d'Argilètes, près du marché de César; il y renvoie un certain Lupercus, qui lui demandait à emprunter ses œuvres, et lui indique même la valeur de 3 fr. 50 c. que coûtait son premier livre, équivalant à 40 pages de nos in-8°, en lui insinuant qu'il pourrait bien l'obtenir à moitié prix, s'il marchandait un peu : c'était alors comme aujourd'hui.

Ce qu'il y a d'évident en tout ceci, c'est qu'une lacune existe dans nos Codes, et qu'il est urgent de la remplir.

Ce qu'il y a de certain, c'est que la nation qui refusera le cartel proposé par la France, commettra une grave injustice contre le droit des gens.

Il faut, je le répète, que toutes les manifestations de la pensée obtiennent le droit de bourgeoisie au foyer de tous ceux auxquels la pensée est utile ou agréable.

Le gouvernement du monde intellectuel ne reconnaît pas de frontières. La peinture, la sculpture, la musique, la chimie, la mécanique, toutes les sciences et les arts en général sont des langues que l'on parle partout; malheur à qui se bouche les oreilles pour ne pas les entendre.

Le ministre Colbert avait déjà senti la nécessité de garantir la propriété de la pensée.

« Une découverte est une propriété sacrée, lui écrivait Bernard de Palissy, elle suppose un emploi de temps très long et des dépenses souvent considérables; les vérités ne se trouvent pas tout-à-coup; il n'appartient qu'à Jupiter de faire sortir de son cerveau Minerve armée de pied en cap (1). Le gouvernement doit servir de garant à l'inventeur; mettre un frein à la liberté des recherches; c'est en imposer un à la liberté de penser, et

---

(1) Les modernes n'ont pas toujours compris le sens profond de cette allégorie payenne.

Il n'appartient en effet qu'à un dieu de concevoir une idée complète, et de la mettre au jour avec tous ses attributs de perfection, de sagesse et de force.

L'inventeur, après une longue gestation, n'enfante jamais qu'un embryon faible et tout nu.

Il doit pendant long-temps lui prodiguer ses soins paternels, le nourrir, le nettoyer et le protéger avant qu'il ne soit adulte et capable de lui rendre quelque service; alors il doit encore l'équiper, l'armer de pied en cap avant de le lancer dans la carrière. Or, il faut souvent l'emploi de toute la durée d'un brevet, avant qu'une invention ne soit mise en état de rapporter quelque profit à son auteur; la durée des brevets est évidemment trop bornée.

quand celle-ci n'existe pas, il n'y a qu'ignorance et servitude. »

L'entreprise dans laquelle vous vous êtes engagé, M. le ministre, n'est rien moins qu'un 93 de la pensée; ce n'est point une simple réforme, c'est une révolution complète et fondamentale de l'ordre intellectuel, c'est une émancipation des nègres, des parias, des ilotes du monde métaphysique; c'est briser les entraves de l'intellect, délier les ailes du génie, et lui dire : Le monde est ouvert devant toi, prends ton essor dans les plaines de l'air, vas dérober le feu de Prométhée, et reviens animer l'argile de notre globe inerte : c'est (n'eussiez-vous fait que le tenter) immortaliser à jamais votre nom. Mais je n'ose croire au succès; l'instant d'une liberté si grande n'est point encore venu; long-temps encore la pensée se roulera captive dans son étroit cachot; l'âme isolée se consumera dans d'inutiles veilles, au travail de Pénélope. Les besoins physiques forceront long-temps encore le travailleur intellectuel à envier les joies et l'embonpoint fleuri de la brute, qui le regarde en pitié du haut de sa fortune.

Succès et stupidité feront toujours bon ménage, a dit Larochefoucault; mais, plus j'y songe, plus je vois d'impossibilité dans votre entreprise. Quoi! vous voulez que l'homme de talent, l'homme de génie, prenne de lui-même sa place au banquet de la vie; mais c'est de toute impossibilité : que deviendraient les sots qui s'y trouvent si bien attablés? pensez-vous qu'ils en sortent sans combattre? Ne le supposez pas; les sots sont en possession;

possession vaut titre ; les sots sont puissans par le nombre ; les sots feront vigoureuse défense.

D'ailleurs, les sots (je le dis sérieusement) sont une création providentielle, conservatrice, tout aussi respectable que celle des hommes de génie ; les sots servent de contre-poids dans la balance du monde ; sans eux le char du progrès, emporté par une force toujours croissante, risquerait de se précipiter. Dieu dit aux uns : soyez le sabot de ce char ; il dit aux autres : attachez-vous comme des freins à l'arrière, et modérez sa course vagabonde.

Supprimez les sots , vous anéantissez la société ; c'est comme un tableau dont on voudrait supprimer les ombres.

On a grandement tort de s'irriter contre les sots ; pour moi, depuis que j'ai compris leur utilité sur la terre, je les respecte infiniment ; et toutes les fois que je crois en reconnaître un , je lui tire humblement mon chapeau.

Un journal de la province s'est rencontré avec le *Journal des Débats,* sur les difficultés insurmontables, selon eux , d'amener toutes les puissances à reconnaître et à respecter la propriété de la pensée. L'un d'eux donne pour raison de cette impossibilité, la nécessité et la justice qu'il y aurait à reconnaître en même temps la propriété des inventions industrielles.

C'est avouer qu'il ne veut pas d'un bien, parce que ce bien pourrait être utile à son voisin. L'autre croit la chose impossible, parce qu'elle n'est pas faite : il est de l'opinion de l'Anglais qui pariait qu'on ne pourrait pas dresser l'obélisque de Louxor.

Quant à nous, rien ne nous semble plus aisé, et nous sommes assurés qu'au premier appel, l'Allemagne tout entière, l'Angleterre et l'Amérique consentiront au cartel; 1° parce qu'il est réciproque; 2° parce qu'il est juste; 3° parce qu'il ne peut causer de dommage à qui que ce soit, et qu'il doit être utile à tous.

L'opinion des économistes et des philantropes, que ce moyen diminuerait le nombre des lecteurs et nuirait à la diffusion des lumières, est complètement erronée; car un auteur qui aura vendu une première édition de luxe, sera toujours disposé à vendre à un second et à un troisième éditeur des éditions de plus en plus économiques; et comme il aura fait des bénéfices sur la première, l'intérêt de sa réputation sera de voir multiplier à l'infini ses ouvrages, n'en dût-il retirer qu'une bagatelle à chaque édition compacte et populaire qu'on viendra lui demander.

Une crainte s'est élevée dans le temps sur le danger de la pérennité; j'y ai répondu victorieusement dans un mémoire lu au congrès de Douai du mois de septembre 1835, mémoire dont on a voté l'insertion dans les actes de ce congrès, et cette réponse était l'expropriation pour cause d'utilité publique.

Si, disait-on, les stupides héritiers de Condorcet, de Marmontel, de Lafontaine, de la Place, ou de Cuvier, s'imaginaient devoir s'opposer à la reproduction des œuvres de ces grands hommes, par quelque scrupule religieux ou politique, la société serait donc privée de leurs travaux? mieux vaudraient les contre façons.

C'est alors qu'une bonne loi d'expropriation, pour cause d'utilité générale, viendrait en aide à la société, comme cela se pratique envers un particulier qui voudrait s'opposer au passage d'un chemin de fer à travers son champ.

Cette loi serait d'autant plus juste que la propriété de la pensée serait assimilée par la pérennité aux autres propriétés.

Il en serait de même à l'égard des auteurs d'une invention utile : telle serait une bonne charrue, un semoir parfait, et le moyen qu'on annonce d'empêcher l'incrustation qui se forme au fond des chaudières à vapeur et qui cause tant d'accidens.

Si ce moyen de M. Chaix existe, il nous conduit directement à diminuer des deux tiers le combustible employé aujourd'hui sous les chaudières à vapeur; et j'en prends date pour le prouver plus tard.

Mais si la propriété de la pensée était reconnue et traitée à l'égal de la propriété foncière, il y aurait des hommes privilégiés, habiles à combiner les alphabets mécaniques, scientifiques et littéraires, qui feraient d'immenses fortunes par leur génie et leur activité, ce qui créerait une aristocratie sociale de plus : oui sans doute; mais comme toujours une aristocratie succède à une autre, comme l'aristocratie financière succède à l'aristocratie nobiliaire, il pourrait arriver que le monde vît surgir (quel malheur!) l'aristocratie des capacités personnelles qui s'emparerait bientôt des emplois et par suite du gouvernement des masses.

Reste à savoir si le monde ne s'en trouverait pas mieux que du gouvernement du sabre ou de celui de l'agiotage : c'est au moins une expérience à faire.

Si la propriété de la pensée est assimilée à la propriété foncière, on trouvera bientôt qu'elle doit supporter les mêmes charges que celle-ci, et l'État sera en droit de la frapper d'un impôt, et les revenus qu'il en tirera lui permettront peut-être d'abolir les lignes de douane, et de laisser enfin au commerce une liberté indéfinie, entière et naturelle.

J'entends d'ici les murmures du poète, du peintre, du musicien et de l'industriel ; mais je leur ferai remarquer qu'ils demandent une concession, et que l'État, qui la leur accorde, est en droit d'exiger quelque chose en retour ; donnez-moi cent francs, je vous en donnerai cinq et je vous dirai merci : voilà le cas.

Un peu plus loin nous donnerons un moyen au gouvernement de prélever 15 pour cent sur tous les livres qui se vendent, et cependant, d'en faire diminuer les prix de moitié.

Un député belge a, dit-on, conçu le projet, non pas d'empêcher mais de régulariser la contrefaçon.

L'imprimeur qui le premier aurait opéré le dépôt d'une feuille d'impression, serait mis seul en possession du livre nouveau, pendant la durée nécessaire pour en achever la réimpression, et il perdrait son droit de premier occupant, s'il abandonnait son projet.

Ce moyen aurait l'avantage de préserver les imprimeurs belges d'une concurrence ruineuse entre eux ; mais voilà tout.

Il voudrait en outre soumettre les réimpressions à une redevance, ou à un impôt par feuille , au profit d'une caisse qui servirait à l'encouragement des jeunes auteurs nationaux et leur donnerait le moyen de se faire imprimer à leur tour.

Tout cela serait fort bien ; mais nous retombons dans le droit d'auteur que nos contrefacteurs ne consentiraient pas à payer , attendu qu'il leur ôterait leurs avantages contre l'association Gosselin et Ce, laquelle aura toujours des droits d'auteur à payer, quelle que soit la compacitéetlebas prix de ses éditions.

Nos jeunes auteurs n'y gagneraient pas grand'chose non plus , si ce n'est la peine de corriger leurs épreuves quand on les aiderait à se faire imprimer.

Mais ils n'auraient pas pour cela un marché plus étendu; ils pourraient ne plus y perdre d'argent, mais ils n'en gagneraient certainement point , et s'ils produisaient quelque chose de saillant , ils auraient le déboire de se voir contrefaits par les éditeurs étrangers qui s'enrichiraient peut-être en leur riant au nez ; ce serait tout simplement la peine du talion ; et d'ailleurs, qui serait le dispensateur de cette caisse de secours ? quelque stupide Mécène qu'il faudrait encenser.

Et quels seraient les heureux ? un oncle , un neveu, un cousin ou quelque sot auteur de quelque sot ouvrage dans le sens du pouvoir.

Jeunes écrivains, artistes, savans , prenez surtout bien garde de vous laisser secourir de la sorte ; vous seriez arrêtés court dans la carrière. S'il y a des salaires qui ne flétrissent pas, ce sont ceux que fait le public à l'artiste, à l'écrivain indépendant dont il achète les ouvrages : les aumônes du pouvoir tuent, songez-y bien.

Croyez-moi, n'écrivez pas, plutôt que de voir mutiler votre pensée par les censeurs du pouvoir, car c'est une censure que l'on vous propose, ne vous y trompez pas.

Voilà où conduisent infailliblement les petites combinaisons d'un égoïsme national mal compris.

Ne vaut-il pas mieux embrasser la question d'une manière grande et généreuse, et réunir nos efforts pour obtenir cette immense justice d'une reconnaissance universelle de la propriété de la pensée dans tout l'univers, qui (soit dit en passant) n'est déjà pas trop grand pour le vaste apétit des imaginations Rotschildiennes de nos petits pantagruels.

Si j'emploie indistinctement les mots réimpression et contrefaçon, c'est que je n'ai jamais eu l'esprit de distinguer la différence, dans l'espèce, comme dit le jurisconsulte.

J'invente un fusil de munition, par exemple : j'en achète la propriété, en payant 1,500 f. à l'État ; les armuriers de Liége établissent sur le même principe des fusils de chasse, des carabines, des mousquets et des pistolets, et je crie à la contrefaçon. Vous avez tort, me répondent-ils, ce sont des éditions en petit format, auxquelles nous mettons nos marques, ce sont de véritables réimpressions : de quoi vous plaignez-vous ? cela vous fera connaître.

Que ceci serve de réponse à l'auteur d'une note sur la propriété littéraire, par un compagnon imprimeur qui écrit parfaitement, mais.....

Oh ! qu'il est froidement ironique dans ce siècle-ci, l'exemple qu'on nous donne des auteurs de la renaissance qui travaillaient seulement pour la gloire et jamais pour l'argent.

Voyez-vous, dit un journal, Daniel de Foë, donnant son Robinson pour 10 guinées, et Milton son Paradis perdu pour 30, et cependant ils étaient enchantés de mourir de faim, à condition d'être imprimés. Imitez donc ces grands hommes !

Nous demanderons seulement à ces généreux apologistes, s'ils écrivent eux-mêmes ces lignes sans salaire ?

Quel dommage à leurs yeux si des hommes qui passent leur vie à instruire les autres, au lieu d'établir des fabriques de betteraves ou de spéculer sur des actions, pouvaient léguer à leurs enfans la propriété de leurs œuvres et vivaient eux-mêmes dans une honnête aisance !

Cela paraîtrait un contre-sens à ceux qui se sont habitués à voir les auteurs du grand siècle, faire rapiécer, comme P. Corneille, leur unique paire de souliers, chez le savetier du coin, ou habiter une mansarde sans feu et souvent sans meubles.

Il leur paraîtrait naturel de voir toujours l'agioteur en voiture éclabousser l'homme de mérite à pied.

Ils seraient encore flattés, nos concessionnaires

ou fermiers-généraux modernes, de voir les auteurs solliciter dans leur antichambre la permission de leur dédier, dans une humble préface, le fruit de leurs veilles. Nos grands seigneurs eux-mêmes ne seraient pas fâchés de se voir comparer dans les dédicaces à Mécène, à Titus, à Crésus, à César ou au grand Alexandre, le tout pour obtenir une pension de 600 livres tournois ou un logement dans les greniers du palais ; tous enfin aimeraient à voir encore patauger dans la boue les « Muses crottées » du pauvre Scaron.

Les trois quarts des recueils de poésie de ce temps-là étaient consacrés à tendre la main et à mendier les aumônes de la noblesse ; un grand chancelier en serrant les cordons de sa bourse pouvait étrangler un poète.

Scaron, dans une longue épître adressée à Guillaume de Nassau, qui lui avait fait quelqu'aumône, se plaint, en assez mauvais vers, de l'abandon où la France laissait tomber ses gens de lettres depuis la mort de Jean Armand, cardinal de Richelieu :

> Jean Armand, mort depuis huit ans,
> Tenait nos Muses bien vêtues ;
> Hélas ! aujourd'hui toutes nues,
> Au moins en habits fort méchans,
> Les pauvrettes courent les rues,
> Les pauvrettes courent les champs ;
> Les seuls ultramontains emportent tout notre or....

Je le demande aux hommes de bonne foi, quelle liberté, quelle indépendance de cœur ou de plume, pouvait-on attendre de ces écrivains pressés entre la flatterie et la faim ?

Le *grand* Boileau lui-même, historiographe du grand roi, n'a-t-il pas menti à la postérité en nous faisant la peinture du héros qui le payait, comme Lysipe en nous transmettant les traits d'Alexandre, dont il avait obtenu le monopole de la figure, et qui ne l'a jamais fait col-tors.

Quand il n'y a pas de liberté ni d'indépendance dans les écrivains, ils mentent, et depuis que nous voyons par la presse périodique, comment on peut défigurer un fait dans l'intérêt de son parti, nous avons senti redoubler notre scepticisme au point de douter de l'histoire tout entière. On ne peut nier cependant que l'empire des capacités ne s'achemine rapidement, quand on voit en France et en Amérique les grands écrivains au pouvoir; quand on voit l'influence des orateurs dans les chambres, et celle des journaux sur les gouvernans et les gouvernés.

En plaidant la cause de la propriété intellectuelle, ils plaident leur propre cause, ils sont au pouvoir; donc ils réussiront, comme a réussi la noblesse d'autrefois, en exemptant ses biens de la taille; comme ont réussi les hommes du sabre, en se conférant des majorats et d'autres priviléges; comme a réussi le clergé toutes les fois qu'il a pu s'emparer de l'esprit du législateur.

Reste au peuple à peser le bât qu'il portera, quoi qu'il arrive, sous tous les régimes; pour ma part, j'aime mieux que le mien soit chargé d'esprit que de sabres ou d'écus : il me semble qu'il en sera plus léger.

J'opine donc pour la venue du règne des capa-

cités intellectuelles et pour la création des majorats du génie ; car il n'y aura probablement pas
de fossés à battre autour des châteaux de l'imagi-
nation et de la pensée.

De la nécessité de reconnaître la propriété de la pensée.

J'ai démontré il y a quelques années, que l'é-
tude du latin était une cause de révolutions, cet
article a trouvé des échos par toute l'Europe. Examinons maintenant quelle est la position de la majeure partie des jeunes gens dont le gouvernement a favorisé les études par l'établissement de
ses nombreuses universités.

Est-ce que l'instruction la plus avancée, les
connaissances les plus étendues, le mérite le plus
incontesté, leur assure un droit aux emplois, leur
promet une carrière honorable, une existence ai-
sée; non, mille fois non.

Et en cela nous sommes bien moins avancés
que les Chinois, que nous ridiculisons à tort ; chez
eux un diplôme dans les lettres ou les sciences, est
une nomination aux emplois publics. Le premier diplôme obtenu, est une élévation au titre de man-
darin de 8e classe, équivalant à la fonction de com-
missaire de police, qu'ils exercent et dont ils re-
çoivent les appointemens ; le second diplôme les
élève aux fonctions de juge de paix, par exemple,
et le huitième les place au ministère, après avoir
passé par le gouvernement des bourgs, des villes
et des provinces.

Quel est le résultat d'une aussi sage organisa-
tion, c'est que le peuple a foi dans les connaissances de ses gouvernans, dont il reconnaît sans
peine l'autorité; là, point de conspiration, point de
révolutions; le peuple, en chassant ses mandarins,
se croirait incapable de rétablir l'ordre et de se
gouverner lui-même. Essayez donc de régir comme
eux et de tenir en paix profonde et durable, trois
cent trente millions d'habitans avec votre instru-
ment gouvernemental actuel, avec vos institutions
incomplètes et vos faibles leviers!

En Europe, au contraire, l'instruction publique
jette dans la société un nombre immense d'hommes instruits, et ne donne aucun aliment à leur
activité. La science la plus profonde, le talent le
plus réel, ne sont point des titres aux emplois,
dans l'État, ni dans des établissemens publics, ni
même auprès des particuliers riches et puissans.

On pourrait dire, au contraire, qu'ils sont un titre d'exclusion, et cela doit être, car là où règne
la médiocrité, un homme instruit semble dangereux; une lumière fait mal aux yeux de ceux qui
vivent dans le demi-jour ou l'obscurité.

Qu'on s'étonne à présent de la fréquence des
révolutions, quand on lit chaque jour dans les petites affiches, des annonces de ce genre :

« Un jeune homme, sachant le grec, le latin et
plusieurs autres langues, possédant la littérature,
le droit, l'histoire et les poètes, demande une place
de teneur de livres dans une filature ou dans un
magasin quelconque. »

Songez bien qu'ils n'en viennent à cette extrémité qu'après avoir frappé à toutes les portes du ministère et qu'ils n'ont rien obtenu, à défaut de la protection d'un valet de chambre, ou d'une soubrette.

Et vous ne voulez pas qu'ils s'indignent contre un ordre social aussi imprévoyant, qu'ils se mettent en guerre ouverte contre la société! Non, vous préférez qu'ils meurent de faim ou se tuent, en respectant l'ordre légal, l'ordre établi.

Qu'il travaille, dites-vous, il y a des minérais à extraire, des terrassemens à exécuter, des laines à peigner, etc.; mais vous ne réfléchissez pas que vous lui avez ôté l'usage de ses membres, que vous l'avez estropié dans vos colléges sans gymnastique, et qu'il ne saurait lutter à porter des fardeaux, ou à frapper le fer contre le plus débile de vos manans.

Ouvrez donc une carrière à toutes ces activités intellectuelles, en vous empressant d'accepter le cartel qui se prépare; reconnaissez la propriété de la pensée, et ces hommes travailleront d'eux-mêmes : ils ne relèveront que de leur génie et prendront le rang qui leur est dû, sans autre protecteur que le public, seul appréciateur impartial des œuvres de l'intelligence.

Que vous êtes loin de savoir de combien d'heureuses conceptions, de combien de merveilleuses découvertes vous vous privez par l'espèce d'ilotisme et d'abandon où vous laissez se consumer vos plus nobles intelligences.

Il n'est peut-être pas un homme de science qui n'ait dix et vingt sujets de créations nouvelles dans le cerveau, projets dont il ne peut accoucher, à défaut des forceps d'argent qui leur manquent et que vous possédez.

Si vous saviez combien ils souffrent et se tordent dans les douleurs d'un enfantement à terme et qui ne peut s'accomplir, ces malheureux parias de cet enfer que vous appelez l'ordre social!

Vous ne seriez pas étonnés de leurs plaintes, de leur désespoir, ni des résolutions extrêmes qui les perdent souvent, en essayant de vous entraîner avec eux.

Mais il est des remèdes à cet état de souffrance et de crainte; hâtez-vous donc de les saisir quand on vous les présente, et redoutez surtout le *statu quo* que l'inertie proclame et que l'inertie savoure.

Faites que l'auteur d'une pensée en ait la propriété, et qu'il puisse se créer un patrimoine aussi assuré que le poêlier, le plombier ou le droguiste. Alors il y aura sûreté pour vous, et vous pourrez blâmer à juste titre, et flétrir tout individu qui ne saura pas se faire une position honorable et relative par ses travaux musculaires ou intellectuels, car la carrière sera ouverte à toutes les manifestations de la puissance humaine; ce qui n'existe pas aujourd'hui, malgré qu'on nous le crie bien haut de tous les coins du monde.

Non, le talent, l'activité, la probité, la modestie et toutes les vertus possibles, ne sont point aujourd'hui des motifs suffisans pour acquérir une position honnête dans le monde.

L'intrigue, la fraude, la bassesse et l'ignorance sont des moyens beaucoup plus puissans et plus sûrs, et cela n'est pas bien.

Nous avons dit que les commotions politiques, et les fréquentes secousses intérieures qui se faisaient si souvent sentir dans la société, avaient leur source principale dans le malaise d'une partie plus ou moins considérable de la population. Il en sera ainsi, tant que la liberté la plus complète ne sera pas laissée à tous les organes de la machine sociale; car tant qu'il y aura des frottemens, il y aura des chocs destructeurs.

Si le paupérisme démocratique est une plaie difficile à guérir, le paupérisme intellectuel n'est pas moins dangereux et trouverait son remède dans la consécration de la propriété de la pensée; la reconnaître serait anéantir d'un coup la plus terrible moitié des ennemis du *statu quo*.

La carrière est ouverte à toutes les activités, dites-vous; chacun est libre, il y a égalité de droits; cela est faux et sera faux, tant qu'un homme de génie sera privé de la propriété de son travail, tant qu'il ne pourra pas dire, la société m'assure la possession et la jouissance de mon livre, de mon tableau, de ma machine, comme elle assure à mon voisin, le maçon, la jouissance de la maison qu'il a bâtie.

Peu de personnes savent combien il est difficile à un homme de mérite de se frayer un chemin dans le monde; on ne se douterait pas de la condition à laquelle sont attachés son avancement et ses succès, quand il en obtient; eh bien! cette condition est celle de cacher avec soin son talent et sa supériorité, et de ne s'en servir que comme d'un outil secret pour parvenir.

Malheur à celui qui étale ingénuement son savoir, et qui cherche à s'en prévaloir, comme d'un titre, à l'estime, à l'amitié de ceux qui l'entourent. Il ne soulèvera que la jalousie ou la haine de la médiocrité; les sots l'éviteront comme un reproche vivant, comme un spectateur gênant de leur ineptie, comme une jauge trop fidèle de leur incapacité. Ils trembleront devant lui comme un cheval tremble au regard et à la voix d'un homme.

Il y a je ne sais quel sens intime qui dit à la brute : prends garde au génie, l'esprit asservit la matière, ou du moins la secoue, *mens agitat molem.*

Il n'y a rien à gagner pour toi de t'approcher trop près du feu : l'œil du hibou doit redouter la lumière. Aussi, combien il est faux le calcul du jeune solliciteur qui s'imagine devoir faire preuve d'intelligence et de génie pour obtenir des protecteurs. Il ne doit s'en prendre qu'à lui si la nullité le devance; on n'en a pas peur de la nullité : on l'aime, on la caresse, comme on aime et l'on caresse une perruche, un lapin, tandis qu'on n'ose approcher d'un aigle ou d'un lion.

Voulez-vous faire votre chemin dans le monde tel qu'il est aujourd'hui, soyez sot ou faites semblant de l'être.

Mais quand vous serez au faîte, jetez la béquille de Sixte-Quint, et chantez le *Te Deum.*

Quel ordre de choses ridicule que celui où l'on est forcé de donner de semblables conseils à la jeunesse intelligente! Soyons de bonne foi, cela peut-il être l'état de choses définitif, le meilleur état, la dernière expression enfin de l'ordre social?

Si cela était, à quoi bon travailler à s'instruire; à quoi bon pâlir sur les plans et tourmenter sa vie à perfectionner une machine, quand le tranquille épicier et l'insouciant débitant de tabac, trouvent sans peine le moyen de vivre à leur aise et de laisser un honnête patrimoine à leurs enfans?

Mais assurez à tous les travailleurs la propriété et la jouissance des œuvres de la pensée, tout va changer de face : c'est un ferment nouveau qu'il faudra tôt ou tard jeter dans le monde intellectuel ; alors seulement vous verrez une activité inattendue s'emparer des imaginations artistiques, scientifiques et littéraires; des milliers de chefs-d'œuvre viendront chaque jour réjouir vos yeux, enchanter vos oreilles, éclairer vos esprits, étonner tous vos sens.

Elle est grave l'erreur de ceux qui pensent que les hommes de génie sont rares ; ils ne savent pas combien sont étouffés dans leur germe, combien sont atrophiés par la misère, avant de pouvoir se faire jour ; ils comptent le petit nombre de ceux qui percent et répètent tristement : ils sont rares les hommes de génie, *apparent rari.....* Mais ils sont rares aussi les grands arbres dans les steppes, comme les beaux épis dans les landes, où rien ne les protége contre les animaux.

Ils étaient rares aussi les savans en Espagne et en Italie, quand l'inquisition les mettait à la géhenne.

Mais ils auraient bientôt cessé d'être rares, si vous empêchiez la faim de les prendre à la gorge et de les étouffer dans ses griffes de fer, et pour y parvenir, donnez-leur ce que vous accordez aux autres citoyens, le droit de posséder et de transmettre ; donnez-leur les mêmes droits de cité qu'à vos lampistes et à vos horlogers, dont vous faites respecter la lampe et la montre ; voilà tout ce qu'ils vous demandent, avant de croire à l'égalité devant la loi que vous avez proclamée.

On aura peine à croire, dans l'avenir, qu'il y eut un temps où un buffet, une table, une chaise, achetés par un père, pouvaient passer légalement à ses derniers descendans. Tandis qu'un livre, un opéra, une machine, écrits ou inventée par le père, ne le pouvaient pas.

Il y aura, certes, pour nos neveux, matière à s'étonner, de voir avec quelle outrecuidance nous proclamions notre xixe siècle comme un siècle de lumière, notre législation comme le chef-d'œuvre de l'esprit et de la justice humaine, et notre état actuel, comme le dernier terme de la perfectibilité sociale.

Mais revenons au fait, et poussons dans leurs derniers retranchemens les adversaires de notre projet ; un journal de la capitale a exprimé la crainte de voir un gouvernement méticuleux exproprier, en en faisant l'acquisition, les livres qui lui sembleraient incommodes, et cela pour les anéantir ou en empêcher la propagation ; cette objection si souvent répétée, et qui semble si forte, n'a cependant pas la moindre valeur.

Ce ne serait plus alors une expropriation pour cause d'utilité publique, ce serait une expropriation ou plutôt une acquisition pour cause de *convenance particulière.*

La loi n'oublierait pas sans doute de stipuler que l'expropriation d'un livre ou d'une découverte quelconque aurait pour but de mettre ce livre ou cette invention dans le domaine public, pour en laisser la pleine jouissance à tout le monde.

Est-ce qu'un enclos, exproprié pour le passage d'une route ou d'un canal, pourrait être acquis par l'administration dans le but d'empêcher cette route ou ce canal de passer outre?

Il y aurait contradiction flagrante, et les *impossibilitaires* qu'une semblable crainte peut arrêter tout court, ne feront jamais traverser les Alpes aux Carthaginois.

Projet de cartel.

Voici les bases d'un cartel à échanger entre toutes les puissances; je les soumets aux lumières de la commission nommée pour décider cette grande question.

ART. 1er.

Une idée appartient à celui qui l'a conçue le premier.

ART. 2.

La propriété de la pensée est reconnue et assimilée à la proprieté foncière et immobilière.

ART. 3.

Tous les gouvernemens amis ou alliés, placent sous la protection des lois toutes les propriétés in-

tellectuelles, quelque soit le pays et l'état du titulaire ou de ses ayant-cause.

ART. 4.

Il y aura réciprocité de la part de tous les gouvernemens les uns envers les autres.

ART. 5.

La propriété de la pensée est perpétuelle et
transmissible, comme les autres propriétés, et
peut être de même assujétie à un impôt modéré
et à l'expropriation pour cause d'utilité publique.

ART. 6.

Sont considérés comme propriétés intellectuelles
les livres, la musique, la peinture, la sculpture,
et toutes les inventions industrielles.

ART. 7.

Il suffira de déposer quelques exemplaires des
livres ou gravures, ou les plans et descriptions des
procédés ou découvertes faites dans les arts, les
sciences et l'industrie, et de les faire inscrire à
l'état civil de la pensée, dans un pays quelconque,
pour recevoir un titre de possession, valable dans
tous les autres.

ART. 8.

En cas de contestation, les tribunaux seront
appelés, comme aujourd'hui, à décider les questions.

ART. 9.

A dater de la présente convention, tous les objets nouveaux auxquels le droit de propriété sera
conféré dans chaque pays, jouiront du libre tran-
sit à travers tous les États confédérés, sur le pied

d'une parfaite réciprocité : la loi nouvelle n'aura aucun effet rétroactif.

En réfléchissant aux bases que nous venons de poser, on voit s'évanouir ou s'éloigner indéfiniment toutes les difficultés dont cette question semblait si hérissée à quelques uns des organes de la presse.

Que deviennent maintenant ces craintes de l'*Indépendant* et du *Journal des Débats*, et de M. Théodore Fix, sur ces récriminations des Français et des Anglais, relativement aux machines à vapeur? Que devient cet anéantissement nécessaire, selon eux, du système de douane et de prohibition?

Il n'est pas vrai que l'Angleterre place sa supériorité dans le monopole des machines, ni dans leur prohibition à la sortie, puisque les fabricans de machines et ceux qui s'en servent, pétitionnent auprès du gouvernement pour l'abolition de cette mesure, qui leur est plus dommageable qu'utile.

Voici ce qui est arrivé à l'auteur de ce mémoire, qui visitait une des grandes manufactures de lin du nord de l'Angleterre.

Comme il admirait ces beaux métiers, il lui échappa de dire qu'il serait bien à désirer qu'il y en eût de semblables en Belgique.

Ils sont à vendre, lui dit le directeur; vous n'avez qu'à choisir : ils sont tout neufs. L'auteur lui fit observer que cela leur ferait grand tort de les laisser sortir. Au contraire, lui dit l'industriel anglais, nous en avons pour un million de livres dans ce local; ils vont bien, mais il y en a un

autre chez l'inventeur qui donne 25 p. o/o de bénéfice sur ceux-ci ; et cependant nous ne pouvons
les remplacer, qu'à condition de nous défaire des
anciens ; et nous ne pouvons les vendre que si le
gouvernement en permet la sortie, et c'est ce que
nous sollicitons.

Il en est de même de toutes les machines ; l'esprit humain ne reste jamais stationnaire, et un
nouveau perfectionnement est toujours possible et
ne tarde jamais d'avoir lieu ; les fabricans anglais
n'ont donc aujourd'hui qu'un seul désir, c'est d'obtenir la libre sortie de toutes leurs mécaniques.

S'ils eussent compris cela plus tôt, il n'y aurait
pas un seul atelier de construction sur le continent, et l'Angleterre serait le fournisseur-général
des machines de toute espèce ; car la matière première et les transports y sont à meilleur marché
qu'ailleurs, ainsi que la main-d'œuvre, quoi qu'on
en dise ; car, tandis que les ateliers du continent
font des machines avec des hommes, les Anglais
font des machines avec des machines ; ce qui leur
donne une grande supériorité d'exécution et de
bon marché.

Il ne serait pas nécessaire non plus de rien
changer au tarif des douanes, relativement aux
inventions industrielles ; tout en reconnaissant et
protégeant la propriété des inventeurs, on peut
très bien laisser subsister la condition des brevets
actuels, qui veut que les machines et autres inventions patentées soient exécutées dans le pays
même ; cela favoriserait singulièrement l'établissement des ateliers de construction, que les inven-

teurs seraient tenus d'établir dans les pays qui s'en trouveraient dépourvus, s'ils voulaient y jouir des bénéfices de leur propriété d'auteur.

Au lieu donc d'entraver, de retarder les progrès, la reconnaissance de la propriété de la pensée donnerait une immense impulsion à la civilisation universelle, et, nous le répétons, rien n'est plus simple, rien n'est plus juste, rien n'est plus facile, pour peu qu'on veuille se donner la peine de déblayer la route du progrès des épines qui la bordent encore. Nous ferons observer à l'*Indépendant* qu'il commet une hérésie constitutionnelle, quand il dit que les gouvernemens encouragent la science, les arts, l'industrie.

Rien absolument n'a besoin d'être changé, je le répète; ce serait d'abord quelques livres nouveaux, puis une invention, puis deux, puis trois, presque rien enfin pendant les premières années. Ce serait seulement une excellente mesure introduite de la plus excellente manière, c'est-à-dire, petit à petit, sans secousse, sans commotion, et qui conduirait de même, avec le temps, au système de liberté commerciale qui fait l'espérance de tous en particulier, parce qu'elle fera le bien général.

Il est évident qu'il viendra un instant où tout ce qui existe, en fait d'inventions industrielles, sera complètement perfectionné, modifié, remplacé et renouvelé, mais ce temps est très éloigné; c'est alors qu'il sera vrai de dire que les douanes seront impossibles, parce qu'elles deviendront improductives en adoptant notre système;

mais ce n'est pas demain, comme ils semblent le craindre, et cela n'arrivera que par la force des choses et graduellement, comme on peut s'en convaincre en appliquant les calculs de la statistique à notre projet.

La nation qui refuserait d'accepter d'aussi justes arrangemens, consacrerait, par son refus, le droit de vol dans ses Etats.

Il serait aussi raisonnable d'accorder à un peuple le droit de s'emparer du mobilier et des habits d'un voyageur étranger, que de lui permettre de s'emparer de sa découverte : toute la question de la contrefaçon est là ; et nous ne croyons pas qu'il existe un gouvernement assez dénué de pudeur, si ce n'est Tunis ou Maroc, pour délivrer des lettres de marque à ses sujets, et les laisser courir sus à la propriété d'un étranger, à moins de rétablir les anciens droits d'*aubaine* et de *détraction*, que la civilisation a détruits presque partout. A ceux qui donnent pour raison que le droit de contrefaçon est plus avantageux aux petits pays qu'aux grands, parce qu'il y a plus à prendre au riche qu'au pauvre, nous répondrons que le droit de détrousser les étrangers devant être plus profitable à la Hollande, au Danemarck, à la Suède qu'à la France, il est étonnant que ces pays aient renoncé au droit de *détraction*, et cependant ils s'en sont dépouillés sans murmure.

Si les fabricans de la Belgique éprouvent quelques pertes d'un côté, à raison de certaines machines nouvelles qui pourraient s'inventer par la suite en France et en Angleterre, et sur lesquelles ils auront un certain droit d'auteur à payer; d'un autre côté, nos auteurs et nos inventeurs seront bien largement récompensés par l'acquisition de quarante à cinquante millions de consommateurs, qui devront leur tenir compte du même droit; et certes, si la balance vient à pencher, c'est en notre faveur, et ce serait encore pour nous une excellente aubaine.

Qu'était-ce donc que ce droit *d'aubaine*, si ce n'est le vol et la confiscation de tout ou partie des biens de celui qui n'était pas né dans un pays, et que les lois rendaient inhabile à tester, même en faveur d'un régnicole; il était déclaré en outre inhabile à intenter un procès contre le naturel qui se permettait de le dépouiller; inhabile à hériter lui-même, tandis que le fisc s'emparait de son héritage. Il n'y a pas bien long-temps que l'étranger qui faisait naufrage sur les côtes de nos pays, n'était même plus propriétaire de ses vêtemens.

Proclamer et réclamer le droit de contrefaçon, c'est invoquer le droit d'aubaine; car voler à un étranger son livre, sa découverte ou ses habits, c'est absolument la même chose, si ce n'est pis encore.

Le voleur a sans doute d'excellentes raisons à donner pour excuse: la première, c'est que le vol sans danger, et toléré par les lois, lui est profitable, et il trouve qu'on peut fort bien laisser les choses comme elles sont.

Il trouve encore qu'il serait impossible d'y rien changer sans d'immenses difficultés qu'il se plaît à grossir.

Nous lui répondrons qu'on a bien aboli les anciens droits de détraction, et qu'il n'y a qu'à continuer dans la même voie.

Les sauvages seuls regardent un étranger comme un ennemi, les gens civilisés le regardent comme un frère.

Les sauvages de la Tauride tuaient les étrangers et les mangeaient, comme le font encore les indigènes de quelques îles de la Polynésie.

Les peuples arrivés à un état de demi-civilisation, réduisent les étrangers en servitude comme cela se pratiquait naguère à Alger.

Les Chinois et les Japonais leur ferment l'entrée de leur pays, ou les en chassent. Les riverains de la Bretagne et de presque toutes les côtes de l'Europe, se contentaient de dépouiller les naufragés, et l'habitude leur en revient de temps en temps.

A moins d'avouer qu'on n'a pas fait un pas de plus dans la civilisation, on ne saurait réclamer contre la mesure élaborée en ce moment dans le but de faire abolir ce droit d'aubaine de la pensée.

Se vanter de posséder les institutions les plus parfaites, de marcher en tête de la civilisation, et dépouiller les étrangers de leur propriété, scientifique ou industrielle, c'est commettre un contresens, un barbarisme impardonnable, et certes il n'y aura pas un de nos législateurs assez ennemi du droit des gens, assez dépourvu du sentiment de justice universelle, pour élever la voix contre l'échange du cartel européen qu'on viendrait nous proposer dans les termes que nous avons signalés.

Traductions, compilations.

Au moyen âge, la condition des artistes de toute espèce était infiniment précaire, en présence des possesseurs de fiefs. Le musicien, le poète, le savant étaient classés parmi les baladins sur la ligne des fous du prince ou des danseurs de corde; on les regardait comme des instrumens de distraction, bons pour rire après table. On les faisait entrer alors dans l'enceinte du banquet comme cela se pratique encore dans l'Inde avec les jongleurs et les bayadères. Les savans et les philosophes qu'on nommait sorciers ou astrologues, les trouvères et les ménestrels étaient chargés d'avoir de l'esprit pour la noble compagnie: ils étaient nourris dans les cuisines du castel, avec les hommes d'armes et les varlets.

Une fois pourtant le grand Roi commit un immense scandale en faisant asseoir Molière, son valet-de-chambre, à sa table; on en parla longtemps, et si la presse eût été libre, il en serait résulté sans doute une émeute à la cour.

Eh bien! nos pères étaient encore en partie sous l'empire de ces ridicules préventions; le riche propriétaire, le grand capitaliste, ne le fût-il que de la veille, confondait encore l'artiste, le poète, le savant, avec le joueur de vielle, le bouffon et le saltimbanque: tout cela se résumait à ses yeux dans le mot générique de *cabotins*. S'il n'osait plus les appeler, en payant, à son dessert, il était bien loin de se tenir honoré de les avoir à sa table, et bien plus loin encore de leur demander à partager les trésors de leur instruction.

Ne croyez pas que ce préjugé soit entièrement disparu, il est encore vivace, au moins dans la province ; et beaucoup de députés pourront fort bien taxer d'impertinence la juste réclamation des auteurs et des artistes qui aurait pour but l'entérinement de leurs titres de propriété.

Comment ! s'écrieront-ils : ce peintre, ce poète, ce sculpteur, cet inventeur, se permettent d'assimiler leurs élucubrations à nos domaines héréditaires ; mais on n'aurait jamais imaginé cela du temps de nos pères ! il faut qu'il y ait aberration, conspiration, émeute dans les idées ; chansons que tout cela : l'ordre du jour.

On y passera probablement à l'ordre du jour, mais ils attendront la troisième lecture du bill, et justice leur sera faite peut-être.

Vous qui proclamez l'émancipation des nègres, l'abolition de l'esclavage sur toute la terre, commencez donc par émanciper les esclaves de la pensée ; distribuez-leur une part des bruyères de l'intelligence, ils la cultiveront avec courage, et vous serez les premiers à jouir des fruits qu'elle ne manquera pas de rapporter.

Ne vous arrêtez pas devant les détails d'exécution, et ne vous effrayez pas des difficultés du code à faire, il ne sera qu'un calque ou reflet de l'ancien code, comme le monde intellectuel n'est que le reflet du monde matériel.

« La pensée est du domaine public, les œuvres scientifiques sont le patrimoine commun de tous, l'hérédité de la propriété foncière est déjà assez gênante sans en reconnaître encore une nouvelle, disent les démocrates. »

Il est évident que c'est réclamer la loi agraire des propriétés intellectuelles ; ce domaine public ne serait que le domaine des libraires, des marchands de tableaux, d'estampes et de statues, qui seuls s'enrichiraient au détriment des producteurs.

Quand un objet d'art ou de science ne coûtera rien à faire, on pourra ne point indemniser l'ouvrier, et quand le domaine public fera représenter gratis *la Juive* et *les Huguenots*, quand il fera jouir le public de tous les livres et objets d'art quelconques, sans rétribution, et que les auteurs seront une création exceptionnelle privée d'estomac, on fera fort bien de jeter leurs œuvres au vent. Mais si l'auteur est pourvu d'une double rangée d'incisives et de molaires, s'il est de la même espèce que le propriétaire, il a tout aussi besoin que lui de conserver, d'accroître et de transmettre sa propriété.

Quand il sera convenu d'abolir l'héritage en général, les auteurs ne prétendent point faire exception, et quand chacun travaillera pour la masse, ils seront tout aussi disposés à s'y soumettre ; mais en attendant, permettez, s'il vous plaît, qu'ils réclament et obtiennent les droits qui leur sont dus ; à moins d'être injuste, vous ne pouvez leur en vouloir s'ils pétitionnent contre la loi qui les asservit.

Pétitionner, c'est prier. Il n'y a qu'un être au monde auprès duquel il soit inconvenant de pétitionner, parce que toutes ses lois sont sages et immuables; mais les nôtres sont loin d'avoir ce double avantage.

Il serait à désirer sans doute que chacun pût gratuitement jouir des alimens de la vie physique, aussi bien que des alimens de la vie morale; mais s'il faut payer le boulanger du corps, il est juste aussi d'indemniser celui de l'esprit.

Examinons maintenant l'œuvre littéraire sous le rapport de la traduction.

La traduction d'un livre peut-elle être considérée comme une contrefaçon? est-ce enlever à un auteur un bénéfice sur lequel il avait droit de compter?

En ramenant à des exemples matériels et pondérables les questions métaphysiques toujours un peu vagues et incoërcibles, on parvient mieux à les faire comprendre.

J'ai planté, coupé et réduit un arbre en planches et madriers, je le mets en vente sous cette forme, je ne puis donc compter que sur un certain produit.

Arrive un tourneur ou un ébéniste, qui me l'achète et qui, ajoutant son travail au mien, le façonne en meubles, plus ou moins élégans, et les présente à une autre classe d'acheteurs, sur laquelle je n'avais pas droit de compter.

Cet homme a fait une traduction de mon ouvrage; il ne me doit rien.

Mais le compilateur ne doit-il rien non plus aux auteurs? Je me procure des clous, un canon de fusil, une serrure, un couteau, une clé; je les pétris au feu, je les relie sous le marteau et j'en produis une hache. Je ne dois rien à ceux auxquels j'ai emprunté les élémens de ma hache; j'ai fait une compilation : la recherche de la paternité est interdite. Je ne porte aucun dommage à l'inventeur du clou, du fusil ou de la serrure.

Voilà la vraie limite où doit s'arrêter la propriété : sans cela les récriminations pourraient remonter jusqu'à notre premier père et se prolonger jusqu'au cataclysme final.

— Mais vous me traduisez et vous ne croyez plus rien me devoir, parce que vous supposez que je n'avais compté que sur des lecteurs françois; mais mon calcul était de faire ou de faire faire plus tard une traduction allemande et anglaise de mon travail, ce qui m'est interdit, puisque vous m'avez devancé.

— Comme vous aviez la liberté et les moyens de le faire avant moi, puisque vous étiez seul possesseur de votre manuscrit, et comme vous n'en avez pas fait la traduction, vous êtes donc censé avoir explicitement renoncé à ce travail que j'ai trouvé dans le domaine public sans titulaire; absolument comme une découverte sans brevet.

L'auteur ne peut donc rien réclamer de ceux qui ont ajouté leur travail au sien, pour lui donner une nouvelle valeur qu'il n'avait pas, et que l'auteur avait négligé ou refusé de s'approprier, quand il pouvait le faire.

Si je néglige les formalités préalables de m'assurer une découverte, et que je la laisse échapper librement dans le public, je perds mes droits d'inventeur.

Mais, s'écrient les *impossibilitaires*, je trouve une machine qui me convient, dont l'auteur est peut-être à Londres, à Naples, à Vienne, que sais-je? et je ne pourrais pas m'en emparer? Non, pas plus que d'une maison inhabitée, dont le propriétaire serait à Naples, à Vienne ou à Berlin.

Mais où devrai-je m'adresser pour acquérir le droit de m'en servir ou d'en faire construire de semblables?

Que cela ne vous inquiète pas, vous trouverez toujours à qui parler, comme vous trouverez sur la maison, ou chez le voisin l'adresse du propriétaire ou de son fondé de pouvoirs. Le titulaire d'une découverte aura soin de vous donner toutes les facilités pour lui payer sa redevance; vous trouverez toujours son adresse sur la machine, ou ses ayant-cause à votre discrétion.

Le paysan n'a jamais besoin de courir après le collecteur de l'impôt, et le directeur de théâtre trouve toujours sous sa main quelqu'un qui ouvre la sienne pour recevoir le droit d'auteur.

La propriété considérée comme origine de la civilisation.

On dit que la contrefaçon est utile au progrès des lumières, qu'elle favorise l'éparpillement des connaissances, et qu'en définitive c'est le public qui en profite.

Si vous considérez la question sous ce point de vue, et si vous autorisez la contrefaçon dans ce but, ne faites point la chose à demi; permettez aussi que le public vole les livres sur l'étal des libraires, le débit en sera plus considérable encore et la diffusion des lumières beaucoup plus prompte.

Je doute cependant que la civilisation y gagne quelque chose; je crois, au contraire, que l'origine de toute civilisation gît dans la reconnaissance de la propriété; chez le sauvage tout est à tous, forêts, terres, poissons, gibiers. Il n'y a commencement de civilisation qu'alors que le partage des terres commence à s'effectuer, et que l'habitation de l'individu est respectée mutuellement.

Voulez-vous augmenter cette civilisation, étendez le nombre des objets auxquels vous accorderez la possessibilité ou le droit d'être possédé.

C'est le seul moyen d'amélioration possible, pour une bruyère ou un marais communal, que de lui donner de légitimes possesseurs.

Donner des possesseurs aux domaines de l'intelligence, c'est en assurer le défrichement et la culture; supprimez partout la vaine pâture, expulsez les animaux qui la saccagent, et de riantes prairies prendront la place des plus tristes marécages.

Laissez, comme en Angleterre, la propriété des routes et des chemins vicinaux à des propriétaires, ils auront soin de les entretenir; car ce qui appartient à tout le monde n'appartient à personne : témoins les hôtels-de-ville et les monumens que personne ne répare et n'entretient, et que tout le monde dégrade.

Le domaine intellectuel est presqu'encore entièrement livré à la vaine pâture, et ne sera défriché que par l'application du décret de la Constituante, qui ordonna la vente ou le partage des biens nationaux.

Le premier fief intellectuel fut concédé par Louis XII; c'est lui qui écrivit pour la première fois sur la dernière feuille d'un livre :

« Louis, par la grâce de Dieu, roi de France et de Navarre, à nos amés et féaux conseillers, etc. »

De ce moment date la renaissance des lettres, et commence l'ère de la civilisation. Mais qu'elle est loin encore de ce qu'on peut raisonnablement espérer !

Tant qu'il y aura des brevets d'imprimeur et de libraire, tant que les journaux seront maculés par le timbre, nous penserons comme le loup de Lafontaine en voyant le cou du dogue pelé par la chaîne.

Une anomalie singulière existe encore dans nos lois : c'est que l'auteur d'une découverte industrielle a les moyens de s'assurer, dans tous les pays, la propriété de son invention, et que l'auteur d'un livre ne le peut pas.

Il suffirait donc d'adopter la même marche pour vider cette question, qui paraît si embarrassante et qui est si simple.

On m'a demandé si une idée exprimée par la

bouche et reçue par l'oreille, pouvait appartenir à celui qui l'a conçue?

Je répondrai que chacun peut en profiter et la transmettre, comme il l'a reçue, sous le rapport de son instruction et de celle des autres, mais pas sous le rapport du commerce. On peut entendre une comédie, un sermon, un opéra ; mais on ne peut pas les faire imprimer ni les vendre, sans commettre un vol ; chacun doit être reconnu propriétaire des valeurs auxquelles il a donné naissance.

Un abrégé bien fait n'est pas considéré comme une contrefaçon, et le traducteur d'un livre ne peut pas empêcher un autre de le traduire à son tour. En général, pour qu'il y ait contrefaçon, il faut que la similitude soit telle, qu'on puisse raisonnablement supposer qu'un ouvrage n'est que la copie d'un autre ; il en est de cela comme des machines, les changemens de forme et de format, ne font que dissimuler la contrefaçon, mais ne l'empêchent pas d'exister.

Un plagiat qui emprunterait à un livre une assez grande partie de son contenu pour dispenser de lire l'ouvrage, serait une contrefaçon.

Dans un ouvrage du domaine public annoté, les notes sont une propriété, comme un perfectionnement ajouté à une machine connue.

Une chanson, une fable, un sonnet, sont aussi bien des propriétés qu'un ouvrage en cent volumes ; de même qu'une aiguille ou qu'une alumette nouvelles sont des propriétés aussi sacrées que celle d'un moulin ou d'un laminoir à vapeur ;

de même qu'un pied carré de terre est aussi bien propriété qu'une forêt de mille hectares; l'importance de l'objet ne change rien au principe.

Le remède proposé contre la contrefaçon par M. Fix, de faire vendre en Belgique les éditions parisiennes à bon marché, a déjà été essayé; et voici ce qu'il en est résulté : un spéculateur s'est emparé d'une partie de ces livres, les a fait rentrer en France, en payant les droits, et les a mis en vente, à Paris, au rabais, en concurrence avec l'édition originale : voilà ce qui ne manquera pas d'arriver à M. Gosselin et Cᵉ, qui se proposent de renouveler cette tentative.

Maintenant que nous approchons du terme où la question nous paraît épuisée, il nous reste à répondre à ceux qui nous reprochent de n'avoir pas toujours conservé le ton grave, professoral et dogmatique, dont ils font le cortège obligé de toute vérité qui vient réclamer la place qui lui est due sur la terre.

Nous répondrons qu'une solliciteuse quelque peu folâtre et parée, a tout autant de chances qu'une pleureuse en deuil, froide, empesée et monotone dans ses jérémiades; nous croirons avoir atteint notre but, si nous sommes parvenus à *conserver le juste-milieu.*

Du transport de la librairie par les postes.

En supposant que le projet dont on s'occupe en France ait pour but de favoriser la production et la diffusion des ouvrages littéraires, c'est-à-dire, de les rendre aisément abordables à une plus grande quantité d'individus, il faut trouver un moyen d'en faire diminuer le prix et d'en faciliter l'arrivée dans les mains de celui qui les désire.

Il faut un moyen simple, peu coûteux et qui rapporte au trésor des sommes considérables, s'il est possible.

Ce moyen, je l'ai indiqué déjà depuis quelques années; je l'ai présenté à notre ministère, qui n'a pu m'opposer aucune objection.

Or, ce moyen, dont je vais démontrer la praticabilité et les avantages, c'est le transport de la librairie par les postes; c'est d'assimiler un livre à une lettre, et d'imposer son transport à 10 et 15 p. 100 de la valeur vénale.

Les personnes qui ne sont pas initiées au secret du papier noirci vont se récrier; elles diront que c'est trop, et qu'elles seraient fâchées de payer un tel impôt; ces personnes ne se doutent pas qu'elles en paient bien d'autres aux libraires interlopes; elles ne savent pas que la seconde main par laquelle passe leur livre, retient 50 et jusqu'à 60 pour 100 du prix de ce livre, et qu'elles ont l'immense désavantage de ne l'obtenir que long-temps après qu'elles en ont fait la demande; voici comment (1):

Initié dans les secrets de la librairie belge moderne, je dévoilerai ce qui se passe sous ce rapport et sous bien d'autres; chacun en particulier recon-

____

(1) Tout ce qui suit concerne les contrefacteurs belges.

naîtra facilement ce qui lui est arrivé ; ce qu'il prenait pour une anomalie , est une règle géné-rale. Ecoutez :

Vous êtes Liégeois, Gantois, Namurois ou Brugeois ; vous voyez l'annonce d'un livre nou-veau ; il vous le faut , vous le voulez tout de suite et vous vous présentez chez un libraire. — Voici votre conversation tout entière. Avez-vous cet ouvrage? — Non, monsieur, mais nous l'attendons; veuillez me donner votre adresse, dans trois jours je vous l'enverrai.

Quatre à cinq jours après, vous y retournez. — Eh bien, avez-vous reçu? — Pas encore, mais je viens d'écrire une seconde fois, et cela ne sau-rait tarder.

Douze à quinze jours après, vous y retournez, bien assuré d'avoir le cher volume ; ledit libraire feint un immense étonnement ; il présume que son correspondant est mort ou en faillite, et il va écrire tout de suite à un autre. Vous sortez dé-goûté du libraire et du livre ; vous n'y pensez plus, ou vous trouvez un ami qui vous le prête.

Un mois après, remarquez bien, un mois! (quand ce n'est qu'un mois) le livre est remis à votre porte chargé d'un port de lettre et du transport par la diligence ; vous êtes furieux et vous avez complè-tement raison.

Expliquons maintenant ce qui s'est passé chez le libraire, c'est-à-dire, le secret du métier.

Quand il a inscrit votre nom , et qu'il a dit qu'il allait écrire, il n'en a rien fait, que le jour auquel sa liste de demandeurs a été remplie, c'est-à-dire, après qu'il eut inscrit quarante à cinquante victimes de votre espèce.

Alors il a griffonné ses demandes sur de petits chiffons de papier qu'ils appellent bulletins ; il les a mis à la poste couverts d'une seule enveloppe adressée à son correspondant, lequel n'a payé pour le tout que 60 à 70 centimes. Ce dit correspondant a plié les 20 à 30 bulletins adressés aux éditeurs, les a cachetés, et a écrit au dos *demi-port* ; chaque éditeur a donc payé au détriment de la poste, 30 à 35 centimes audit correspondant, ce qui lui a fait cinq à six francs de recette sur une simple lettre.

Or, ce bulletin dit simplement à l'éditeur de faire remettre, pour son compte, l'ouvrage qu'il a demandé chez le correspondant en question, lequel a un envoi à lui faire. En effet, cet envoi se compose de toutes les commissions réunies, c'est-à-dire, de 50 à 100 volumes ; il est mis à la diligence qui ne prend pas un port plus élevé pour un volume que pour cet énorme ballot qu'on a l'ordre de n'expédier que tous les mois.

Voilà pourquoi, à 10 lieues de la capitale, vous ne pouvez vous procurer un livre qu'un mois après que vous en avez fait la demande au libraire de province. J'oubliais de dire que ce libraire a quelquefois la malice de charger chaque volume en particulier du prix du transport du ballot général, et voilà !

Oui, voilà la règle ; quelles que soient les exceptions qu'on pourra me citer, je persiste à dire

que la chose se passe ainsi , j'ai dix années d'expérience à l'appui.

Je dis plus, c'est qu'un éditeur qui veut retirer
trois francs de son volume , doit le coter 7, et le
vendre 7, car il doit laisser plus de 5o p. 100 dans
les mains du libraire, qui ne le paie qu'en billets
à un ou deux ans, quand il le paie.

Il n'y a pas à dire qu'un éditeur puisse se sous-
traire à cette tyrannie des libraires; car s'il l'es-
sayait, il ne vendrait pas un seul de ses ouvrages;
tous diraient à ceux qui les leur demanderaient :
il n'y en a plus, l'édition est épuisée; ou mieux,
je serais bien fâché d'avoir de pareilles drogues
dans ma boutique.

Il n'y a, je le répète, qu'un seul moyen, c'est
de charger les postes du transport et de la distribution des livres, moyennant 15 p. 100. du prix.

Voici la marche à suivre pour celui qui voudrait
un livre : il se présente au bureau de la poste de
son endroit ; il demande un bulletin préparé à
cet effet, et le remplit du nom et du prix de l'ouvrage, et de l'adresse de l'éditeur et de la sienne
propre, et le signe.

Ce bulletin est renvoyé par l'ordinaire à la
grande poste, qui fait remettre le bulletin à l'a-
dresse de l'éditeur. L'éditeur attache ce bulletin
sur le volume demandé et l'envoie à la poste, celle-
ci le fait remettre par les facteurs qui en recouvrent
le prix à la porte du souscripteur.

Tous les mois ou tous les trimestres, le compte
des éditeurs est arrêté et liquidé, moins 15 p. 100,
qui constituent les bénéfices de l'administration.

Une seule objection pourrait m'être faite, et je vais d'avance la détruire.

Si vous voyiez, me dira-t-on, les immenses ballots de livres qui chargent quelquefois les diligences, vous sentiriez que les voitures de poste s'en trouveraient encombrées et écrasées.

Ma réponse est dans ce que j'ai rapporté ci-dessus : c'est que ces gros ballots sont le résultat d'un mois d'accumulations de commandes.

Mais la poste partant tous les jours et dans toutes les directions, les charges qui pourraient exister au départ, se divisent et se subdivisent sur toutes les routes.

Il n'y aurait pas chaque jour plus d'un ou deux volumes à distribuer par chaque facteur de la poste; et s'il y avait surcharge certains jours, il n'y aurait aucun inconvénient à diviser le fardeau et à remettre une partie au départ du lendemain.

Voilà donc un moyen de faire rentrer au trésor un quinzième du prix de tous les livres qui se transportent dans une année, d'en faire diminuer de moitié les prix, et de les mettre à la portée (par l'abaissement des prix), d'un nombre quintuple de consommateurs.

Si l'on m'objecte que les gouvernemens du nord ont intérêt à empêcher la propagation de certains livres, je répondrai qu'ils seraient d'autant mieux en mesure de le faire, qu'ils se trouveraient eux-mêmes chargés de leur transport et de leur distribution.

Aucune objection sérieuse ne saurait être faite contre ce système de transport, si ce n'est qu'il

aiderait à la plus prompte et plus complète diffusion des lumières, ce que je crois un bien ; à moins
qu'on ne me démontre mieux qu'on ne l'a fait jusqu'ici, que l'instruction, la science, les arts et le
grand jour sont un mal.

En résumé, nous pensons qu'il est juste, nécessaire et utile de reconnaître l'existence d'une
propriété intellectuelle en général, et d'en assurer la possession légale au créateur du premier
occupant.

Nous croyons qu'elle a les mêmes droits à la pérennité que les propriétés mobilières et immobi-
lières, mais qu'elle doit être soumise aux mêmes
charges, tels que l'impôt, l'enregistrement, l'expropriation pour causes d'utilité publique, etc.; ce
qui constituerait un revenu nouveau pour l'Etat.

En cas d'opposition, le régime emphythéotique
qui gouverne la propriété foncière en Angleterre,
offrirait, au moins, un moyen de transition pour
arriver plus tard à la pérennité.

Rien ne peut dispenser le législateur de comprendre dans le même cadre les créations scientifiques, artistiques, industrielles et littéraires, toutes
filles d'une même mère : *l'invention.*

Si l'on se bornait à régler seulement la propriété littéraire, il faudrait bientôt recommencer
pour les autres. Les droits d'aubaine et de détraction ayant été abolis d'un consentement mu-
tuel chez les nations civilisées, relativement aux
propriétés matérielles désignées, il suffirait d'y

ajouter les propriétés de la pensée, et de les soumettre aux lois et réglemens qui régissent les brevets d'invention, et qui seraient modifiées dans le sens de la pérennité.

9 782014 457773